JN439477

팔미도 벼랑

팔미도 벼랑

태동철 시집

계간문예

| 시인의 말 |

서해의 연꽃 섬, 영흥도 갯벌에 몸 비비고 자란
유년의 체험이 제 시의 씨앗이 되었습니다.
바다의 속삭임과 갯벌의 숨결을 담아보았습니다.
그러나, 물결치는 현상만 보았지 그 물결의 배후는
아직 더 탐색해야 할 공부며 과제입니다.

많은 편달과 격려 주시면 하늘문이 열려서, 저 너머의 낙원도 상상해보고 신의 은밀한 아름다움도 엿보는 힘이 쌓일 것입니다.

이 시집에는 《내 사랑 영흥도》《족보의 바다》에 기 발표한 면접준비, 신 새벽, 정상에서, 책으로 세운 집, 팔미도 벼랑과 한국해양 문학상 수상 작품 중에서 몇 편 함께 등재함을 양해 바랍니다.

《계간문예》 편집인 정종명 이사장님께서 이 시집을 출간해 주심에 감사드립니다.

감사합니다.

2018년 태동철

■ 차례

2부

팔미도 벼랑

3부

닭에게 물어봐

4부

아기의 바다

5부
심사평

제1부

몸의 개화시기

몸의 개화시기**

봄비가 링거 줄을 타고 내린다
메마른 가지를 뻗은 몸을 적시며
영혼의 뿌리 끝까지 스며든다
암세포 조직으로 얼어붙은 물관부가
눈물 한 방울의 수액이 다한
고통 속에 연두빛 숨길로 열린다
살갗 튼 힘살을 부풀리는 삼투압에
투병을 이겨내는 푸르른 의지로
봄물이 샛강처럼 몸속에 차오른다
물병좌에서 마중물을 길어 올려
가문 날의 족보에 수맥을 잇고
뇌성번개 속을 종종 걸음으로 달려와
무지개의 기원으로 쌀을 씻었다
숨길 타는 갈증과 목숨 죄는 허기를
삶의 무게로 품은 세월 속
고된 외길을 나이테에 새기며
사계절을 공전해 절정으로 치닫는
봄을 맞는 초록비의 항암치료,

생명이 깊어진 노래로 공명한다
꽃물이 신선하게 혈관을 물들인다

** 제3회 계간문예문학상 수상작품, 2018년

수선화가 핀 수선집***

수선집 골목으로 꽃대가 자란다
가난한 내력을 살림의 뿌리로 일으켜
외떡잎 지문이 광합성하는 바느질로
노란 수선화를 얼굴에 피운 여자

봄 햇살이 실밥으로 내려앉은
꽃술에 눈썰미를 밝힌다
나비가 시린 바람을 안고 날아든
힘겨운 날개옷의 치수를
행복지수의 눈금으로 잰다

바지가 부정한 길에서 헤매지 않게
긍정문의 문맥으로 밑단을 맞춘다
가슴 벅차게 희망을 품을 수 있는
체형으로 상의를 수선한다
모진 삶에 굳은살 박인 손마디로

꽃향기에 감긴 색실을 풀어
둥근 꽃 둘레로 재봉틀을 돌린다

옷에 난 무늬결을 살려 박음질한다
슬픔의 실땀을 뜯어낸 안감을
상처 자국없이 내재율로 감춰간다

꽃봉오리가 만발한 다림질로
옷 주름을 구김없이 바르게 편다

꽃술로 축문을 쓴 유리문 밖
세상이 꽃길의 약속으로 열린다
나비가 몸에 맞는 한 벌 날개를 펼쳐
생의 의지로 첫발을 내딛는다

*** 제3회 계간문예문학상 수상작품

하이힐 신은 히아신스

하이힐 신은 구근에서
곧게 뻗은 줄기로 각선미를 드러낸다
미니스커트를 하늘대는 이파리와
하얀 허벅지를 부풀린 물관이
탄소동화작용 하는 걸음을 내딛는다
한 잎 한 잎사귀가 광합성을 밝히고
한 발 한 발자국이 엽록체를 물들이는
싱그러운 율동으로 길을 연다
칙릿소설*의 페이지를 넘기듯
햇살 행간에 경쾌한 발걸음을 찍는다

한편 수줍고 한껏 당당하게
히아신스가 센스 있는 보폭으로
길을 닦듯 꽃대를 밀어 올린다
허공으로 충만한 기운이 치솟는다

봉긋하게 젖가슴이 부풀어 오르는
꽃자리 환한 설렘에
성형미인의 얼굴이 활짝 피어난다

또각또각 하이힐이 공명하는
알뿌리의 울림으로 꽃향기가 퍼진다

*가볍고 통속적으로 살아가는
20~30대 여성을 주인공으로 삼은 소설.

꽃병 속 장미 한 송이

여인의 붉은 장미 한 송이
삶의 가사에 가시를 모두 지운
향기로운 노래로 찾아온다

아침저녁으로 애칭을 부르며
식탁에서 나누는 사랑에
영혼이 포만감에 잠겨든다

잎줄기를 담은 꽃병 속 물이
썩어가는 줄 알지 못한 채
꽃술에 눈빛을 맞추는 게
장미를 향한 사랑인 줄 알았다

밑둥을 잘라 가둔 죄로
장미의 심장이 빛을 잃는다

뿌리가 없는 장미는 어느 날
창백하게 접힌 종이꽃으로
노을빛 상여에 실려 떠났다.

신 새벽, 산정에서

열 굽이로 등고선을 감아 올린
만삭의 산을 오른다
자궁 입구에 맺힌 이슬방울들,

태아의 구부린 등처럼 낮게 등줄기를 숙인 채
한 발 한 발 숲길로 들어선다

바위가 까만 눈을 떠 가슴에 품은 길을 열어 준다
나무들이 배꼽에 두른 나이테로
흰 뼈대의 줄기를 일으켜 일란성 쌍생아처럼 맞아 준다

들판이 초록 잎맥에 새긴 손금으로
귀한 운명의 계시를 펼친다

은빛 가윗날을 벼린 날갯짓으로 노을 속 새들이
햇살의 탯줄을 자른다

배꼽을 두른 단전에 첫 생명의 숨을 들이쉰다
우주의 중심에 우뚝 선다

슈퍼문 Super Moon

인천 대공원 너른 습지에
당귀개 , 술아물, 금불초
울근불근 근육으로 치솟고
정기 맑은 뿌리 내린다

며느리밑씻개가 요염한 덩굴로
당귀개 줄기를 타고 오른다
배풍동은 이파리에 구름자리를 펼쳐
한 이불 속에서 금불초와 합궁한다
도깨비풀은 솔아물과 어울려
숨 막히게 개화한다

내가 배꼽산*을 올라가
지구를 두른 타원형 궤도같이
풍성한 알몸으로 눕자
그녀가 을미년 추석날에
슈퍼문으로 공전하여
달빛 환한 살을 맞댄다

찌르레기가 짜릿한 전율로
오르가슴을 지저귀는 파동에
왈칵! 별빛들이 분출한다

*배꼽산 : 인천에 있는 문학산의 별칭

옷, 시詩에서 찾다

봄빛 눈부신 한낮
예식장 갈 채비에 옷장 문을 연다
40년간 입던 옷들이 즐비하다
이 옷 저 옷 만지작거린다
이것저것 걸쳐보고 거울을 본다

색상이 낡고 디자인이 늙었다
헤진 데도 없고 치수도 맞지만
입었다 벗는다
하나같이 구태의연하다
상상력의 옷장 문을 열었다 닫는다

겨울 옷장에서 새봄을 꺼내
초록 싹을 입는 초목들
매년 햇살 음표로 박음질한
봄빛 차림새로
세상에 나들이 나온
꽃들의 창작을 깨닫는다

순간, 진솔옷을
시에서 찾았다

세월의 워낭 소리

내가 고삐에 끌려간다
야성의 뿔을 낮게 드리우고
운명을 긍정하는 고갯짓으로
워낭소리를 낭랑하게 울리며
간다, 둥근 발굽을 찍으며

가난한 가계의 무거운 짐을 싣고
한 가족을 수레에 태워
내장의 허기를 되새김질하면서도
가쁜 숨길에 함박꽃을 활짝 피운다
굵은 땀방울을 밟아가며
보습 날이 닳도록 일군 밭이랑에서

고된 삶에 무릎관절이 삭아
뼈와 뼈가 맞닿는 울림이
워낭소리와 이중주를 연주한다

사랑세稅

사랑세 고지서를 받는다
10,400,000이 찍힌 내역
심장에서 찐땀이 흐른다

눈으로 말로 몸으로 사랑해 여보
아프리카 선교 떠난 딸에게 문자로 사랑해 딸아
군에 간 아들에게 편지로 사랑해 아들
술 한 잔 마시며 떠벌이는 사랑한다 친구

사람간의 지극한 정감으로
사랑해,를 입에 달고 사는 나에게
천사같다고 천사십만 원
사랑세 고지서를 발급한 정부

발달한 IT 기술로 사랑의 감정을
낱낱이 포착하는 빅 브라더*
하루 사랑해 세 번은 기초공제로
네 번째부터는 기본 일 만원에
세 번씩 증가할 때마다 40% 누진율 과세
절세할 길도 없다

고지서 받아든 마음속 반역을 읽혀
불경죄로 처벌될까
얼른 선량한 얼굴로 표정을 바꾼다
머릿속을 꿰뚫어보며
감시의 눈빛을 반짝이는 CCTV

무상복지 천국가기 전에
사랑세 체납으로 출국금지당한
사랑의 화신, 동철이
오늘 취업 준비수당 받아서 사랑세 내야겠다

* 정보의 독점으로 사회를 통제하는 사회 권력.
조지 오웰의 소설 《1984년》에서 비롯된 용어.

복사꽃 얼굴

망팔望八의 벗들,
황혼녘 회식 자리에 모여 든다
하늘을 찌를 듯 사자후를 터트렸던,
양 볼이 움푹 파인 채
나를 향해 질투 섞인 토설을 한다

야, 너 얼굴에 복사꽃 피었다
연애 하니
응, 나야 매일 연애로 살지
내가 눈 마주치는 모든 게 연애 상대야

이 햇빛 봐라,
열일곱 순이의 홍조띤 얼굴로 내 품에 파고들지
첫정인 양 살포시 안아줘봐
춘삼월 햇살같이 피가 달아올라 내 얼굴도 붉어지지
저 가로수 낙엽 봐라
나와 말 나누고 싶어 따라오지
황혼의 로맨스에 청춘 시절로 돌아가자고
낡은 잎맥에 손금을 엮듯 손깍지를 끼고

피어나는 내 얼굴의 복사꽃,
햇빛과 바람과 풀과 나무들이 자양분이야

보이는 게 다 연인이야
그래서 연애하지 않고는 못 살아

연애는 내 삶의 에너지야

시詩의 알몸을 휘감은 꿈 속에

시를 사모하기 어느덧 십수 년.
파란 잉크빛 힘줄이 도드라진 육체로
밤마다 시의 알몸을 애무하다 잠이 들면
은빛 비늘결로 육감적인 몸매를 빛내는
인어가 매혹적인 언어로 유혹한다
은밀한 은유로 장미향 체취를 퍼트리며
별빛 밀어를 속삭인다

그녀의 청순한 얼굴에 농익은 육체미,
입술을 접속사로 표현해 뜨거운 키스를 나누고
젖샘이 탱탱하게 불은 모음과
배꼽자리에서 심층수가 샘솟는 자음을
부드러운 지문의 음절로 엮어 애무한다
혈맥이 달아오른 문맥으로
살결 보드라운 백지에 성감대를 열어간다

한껏 욕정이 부푼 숨 가쁜 체위로
행과 행의 굴곡진 몸을 타넘으면서
마지막 연을 향해 절정으로 치닫는 순간,

세이렌의 노래가 덮치는
가위 눌림에 원고지가 갈기갈기 찢기면서
식은땀을 쏟아내는 사정,

오늘도 시는 사산한 악몽으로 깨어난다

채식의 채색

뭉크가 절규하는 고혈압과
고흐의 해바라기 화풍으로 당뇨가 왔다
한 살 한 눈금 짓누르는 체중에
이젤을 받친 뼈가 관절을 앓았다

다이너마이트 도화선에 불붙이듯
폭식하는 육식주의자에서
다이어트를 혁명하는 채식주의자로

하얀 살갗을 얇게 펼친 미농지에
광합성 하는 햇살을 밝힌다
지층 속 뿌리에서 초록 수액을 길어 올려
물관을 채우고 우듬지를 틔운 붓으로
하늘 팔레트에 짜낸 수채물감을 적신다

내장이 내생과 통하는 영혼으로
구도求道하는 수행처럼 구도構圖를 잡아
초식동물이 되새김하듯 채색한다
살결에 연한 색상이 물들면서

자연 속 풍경으로 분별없이 스며든다

가벼운 양력에 휩싸인 인체가
생명의 울림으로 여백을 품는다

완전 피곤 오징어 바디*

밤늦게 귀가한다
피로에 몸통이 납작하게 눌린 마른 오징어,
땀내 밴 살이 건조되고
삼각형 얼굴에서 생각이 육탈된다
파랗게 불거진 하지정맥류가
여덟 가닥의 다리로 갈라져 있다
스마트폰과 약봉지가 나뒹구는 침대에
그림자 한 겹으로 분노도 슬픔도
감각되지 않는 육괴,
흰 스프레이로 죽음의 형상을 그리듯
잠이 관 속으로 들어간다
유령의 실체 없는 실재처럼 맞이한 자정
마른 오징어가 된 자화상으로
생이 풍자되는 악! 몽을 꾼다
오늘이 동어반복 되는 해 아래에서
대꼬챙이에 꿰여진
오징어 바디를 새긴다

*오징어바디-- 허보리의 그림, 캔버스에 유채
116.8*91cm 2012.

악어의 아가

아가의 어원은 악어이다
아가가 악어 보행법인 네 발로 긴다
각질로 우둘투둘 뒤덮인 가죽이
야성 그대로 아가의 피부이다
악어가 물속을 유영하는 꼬리가
아가의 몽고반점으로 퇴화되어
푸르게 물든 지문을 퍼트린다
아가가 여린 입으로 젖을 빠는 힘이
악어가 먹이를 무는 턱 힘과 같다

아가 울음이 생명을 공명한다
살아있는 화석으로 종種을 지켜온
수억년 시간 속 연대기가
악어의 약어略語로 아가가 된다
결코 길들여지지 않은 야생성
결단코 악에 물들지 않은 순수성
악어가 조련사를 조련하듯
아가가 엄마의 벅찬 가슴을 깨운다

바다의 손목시계

왼쪽 손목에 찬 바다가
둥근 만월의 인력으로 율동을 한다
붉은 동맥 시침과
푸른 정맥 분침이
생명의 공명통을 울린다

심해 깊은 심장 속 톱니바퀴가
자전으로 파도를 일으킨다
핏줄의 궤도에 새긴 눈금을
부력이 차오른 힘살로 열어간다

매순간으로 수평선을 향하고
매초마다 수평선에 닿은 시간
시각으로 끊임없이 일렁이는
물결에 태엽을 풀어간다

시침과 분침이 각도를 줄여
출발점이 종착점으로 만날 때
생사는 하나,

왼쪽 손목에서 풀린 바다가
또 다른 시간으로 유전한다

초승달을 도배하다

산동네에
달빛의 방 한칸이 떠오른다

한사리로 둘둘 말린 밀물에서
파도의 벽지를 펼쳐 재단한다
수평선에 눈금을 새긴 곧은 자尺로
해초가 잎줄기를 일렁이는 붓질로
벽지를 바른다

네 귀가 주름져서 울지 않도록
힘줄 돋은 지느러미로 꾹꾹 눌러
눈물자국 없이 붙여나간다
은색 비늘을 짠 무늬를 맞춰가며
어긋난 지난날을 바로잡는다

천장을 바른다
앞쪽을 속눈썹으로 비질하여 붙일 때
아내가 뒤쪽을 받쳐준다
물낯에 환한 미소가 번지면서

마음이 하나로 합쳐진 손길에
청색 하늘빛 파문이 퍼져나간다

가슴 벅찬 심장의 공명으로
아내와 살며시 손금을 엮는다

갈등 葛藤

칡넝쿨과 등나무 덩굴이 굵은 힘줄로 얽힌다
뿌리 억샌 칡나무와 줄기 억센 등나무가
왼편이 그르다고 오른편이 옳다고
바른쪽이 바르지 못하고 왼쪽에 심장이 있다고
서로 반대 방향으로 칭칭 감고 올라간다

나와 네가 사사건건 반목하고
몸과 마음이 부조화로 건강하지 못하고
아내와 남편이 사랑 아닌 미움으로
자식과 부모가 책무와 권리로
아귀지옥 속 악귀처럼 대립한다

상극의 극단으로 치달아 목을 옥죄는
칡나무와 등나무
불화로 활활 불태워지며
사람들 마음이 더욱더 불행 속으로 빠져든다

칡나무와 등나무가 갈등을 풀면
땅힘에 칡뿌리가 튼실해지고

하늘 기운으로 등나무에 등꽃이 피어난다

사람 인人자가 어질 인仁 자와
하나로 어우러져 도덕이 바로 세워진다

바다로 떠난 기차

천상열차분야지도 속 종착역을 읽는다
적막으로 들어가는 개찰구에
마지막 생生의 표식, 표를 넣는다
은빛 수갑으로 채워진 시계가
출발시간을 알린다
내생의 좌석에 앉아
침묵으로 일렁이는 파도에 실린다
오늘을 벗어나 내일을 향하는
레일이 바늘끝으로 손톱밑을 찌르듯
통점으로 역과 역을 지난다
파란 적막이 심해로 깊어진다
차창을 과거시제로 스치는 서사에서
고단했던 삶의 행간을 독해한다
육지에서 발목을 시리게 굽이돌았던
곡선궤도가 등뼈를 뻗치는 직선궤도로
머릿속에 맑은 기적소리를 공명한다
하늘 수평선에
육신을 벗은 영혼이 도달한다
천상열차분야지도 속 은하별을 빛내는

높은음자리에 메아리로 부딪치는
새날,
출발역으로 되돌아와 귀가한다

내 안의 낙조

정동진에는 젊은 사람들이 모여든다
정서진에는 밤을 맞은 노인들이 모여든다

서쪽 사거리 모퉁이,
치매 중풍 참 편안요양병원…
실버케어 간판이 백태 낀 눈에 어린다
된바람으로 질주하는 구급차 뒷바퀴,

깜박, 참 편안요양병원 점멸등이
생生과 사死의 찰나로 반짝인다
뺏속같이 맑은 유리창을 비치던 낙조가
청춘이 빛나는 별에 도달한 걸까

내 안의 황혼을 황홀히 바라본다

제2부

팔미도 벼랑

시화호는 성녀다

한때 시화호는 창녀였다
온갖 사내를 받아들이는 매음으로
마음 속 수심마저 시커멓게 썩었다

살자, 하루만 더 살자며 깨어나
뭍의 사내에게 몸을 내주는 게
무슨 화냥기 때문이었으랴

쾌락을 탐한 오욕을 씻어내려고
쾌청한 햇살로 물낯을 물들였다
매달 달거리 때면 초경혈을 흘린
초승달을 순결한 가슴으로 품었다

진실을 알지 못하는 누군가
돌을 던지는 수모를 참아냈다
먼 심해에서 파랑을 끌어와
생의 제의祭儀로 몸을 닦고 닦았다

점점 맑아지는 은밀한 은유 속에
모성이 살아나면서
은비늘을 빛내며 돌아온 숭어떼
푸른 비린내로 진심이 번지면서
뭇 사내들이 사죄로 무릎을 꿇는다

영혼의 은하별을 띄우는 시화호는
창녀가 아니라 성녀다

팔미도 벼랑

흙 한 점 없이 살이 모두 뜯겨나간
시련 속에
흰 뼈를 일으켜 세운 골격으로 난바다를 품고 있다

심해에서 달려온 파도를 곧은 등으로 받아
포말을 피워 올린다
억센 늑골을 켜켜이 쌓아 올린 가슴으로
파도를 조각내서 떠나보낸다

앙상한 뼈에도 석화는 핀다
돌게의 안식처가 되고
숭어의 산란처가 되며
발목이 빨갛게 물질한 갈매기 쉼터가 된다

팔미도 벼랑
거친 파도에 한 치도 흐트러짐 없이
태초 이래 수직의 자세를 지키며
힘찬 발끝으로 가 없는 바다를 펼치고 있다
수평선 너머 몰려오는 파도
물굽이, 굽이 팔미도 벼랑 앞에서 오체투지한다

구월 아줌마

땡볕에 구릿빛 피부를 달군 구월 아줌마
다산의 이력으로 허리춤이 부풀어 오른
만삭의 몸이 들판을 충만한 빛으로 채웠다

태아인양 영근 열매들이
햇살 파동을 퍼트리자
주황색 임신복 차림으로 해산 준비에 바쁘다
생명선에 음계를 그려 노래하는 태교로
첫새벽 이슬이 비친 자궁이 열리고
아가의 몽고반점으로 하늘이 드높다

은빛 가윗날로 꼭지에 엮은 탯줄을 잘라
만물을 생산한 여왕으로
새 생명과 미래의 아름다운 약속을 한다

내 가슴속 석류알로 별무리가 떠오른다

지귀,* 자귀꽃이 되다

햇살 금관이
선덕여왕의 얼굴을 환하게 비친다

그리움이 깊어진 상사병에
피를 달군 심장이 나이테로 번져
앙상한 뼈대로 말라간다

잎맥에 새긴 핏줄을 풀어내
허공을 무지개로 닦느라 지쳐 잠든 꿈속,
선덕여왕이 한줄기 햇빛 금팔찌를 벗어
나뭇가지 초리에 걸어준다

선덕여왕의 체취가 번지는 둥근 파문,
황홀한 신열로
온몸에 꽃기운이 뻗친다
자귀나무의 속잎 틔운 귀청에
자기야, 라고 속삭이는 듯

화르르 피어나는 자귀꽃
죽음을 초월한 사랑으로
불을 지핀 넋을 활활 살라
해마다 자귀로 환생한다

*지귀: 선덕여왕을 사모하다 상사병에 걸려 화귀火鬼가 된 사랑의 화신

풍경

지느러미가 은빛 망치를 움켜쥔다
비늘결이 단단한 쇠망치로
방짜무늬 파도를 일으킨다

물고기자리를 불러온다
뼛속에
우주의 소리를 가득 채운다

유선형 몸체에 가둔 울림을
탕, 탕, 맺고 풀기를 수만 번
피를 뜨겁게 달구는 매질에
수평선은 원통형 종이 된다

놋쇠에 부력이 배어들도록 두드려
풍경 속 물고기 빚는다

심해에서 풍경이 떠오른다

청어가 산란색을 띤 타종에
바다가 한 소리를 일으켜
사방연속무늬로 파랑을 퍼트린다

은하계에 알알이 닿는 여운으로
찬란한 빛을 산란하는 알들

갓난아기 바다

바다의 혈통이 등본에 등록된다
어족과 동성동본 혈족,

수평선을 짠 등뼈마디로
심장 속 부력의 눈금으로 아로새겨
사방 연속 파랑을 퍼트린다

물살 순결한
심해 속 끼끗한 알몸
지느러미를 팔랑댈수록
해류가 뻗는다

작은 손안에 꼭 쥔 하늘을 펼치자
손금에서 갈매기가 날아오른다
순백의 섬으로 젖니가 솟아난
입으로 엄마 젖을 움죽움죽 빨 때마다
우주를 두른 얼굴이 환해진다

첫 생일에서 물결무늬 (~~)를 그린
바다가
새 생을 등본에 등록한다

세월을 감상하다

인생의 가을걷이는 누렇게 단풍 든 봉투 속
부고 한 장에 담겨온다

삼십여 년 쯤 전에
벼꽃으로 피어난 얼굴들
어느덧
별꽃같이 은회색으로 머리가 새어
장례식 마당의 밤하늘에
모시 수의를 펼치듯,

지구 자전축으로 굽은 등허리에서
흑백필름을 풀어낸다
서로 다른 삶에 낯익은 내력으로
깊게 파인 주름골을 따라
장맛비처럼 죽죽 긋는 영사막 속에
엔딩 크레딧으로 떠오르는 이름들

생의 영화 한 편 끝낸 망자가
오늘의 주인공이다

숙성熟成

물, 엿기름, 고두밥을 버무려
만삭인 양 부푼 항아리에 넣고
따뜻한 아랫목에 보름간 묵혀두면
술이라는 새 생명이 생겨난다

심장이 두근대는 둥근 항아리 속
엿기름이 달콤함을 풀어내는 삭힘을
밥알이 알몸으로 받아 익어간다
물이 살아 움직이는 양수 속에서
엿기름과 밥알이 숨길을 조율하여
태동하듯 깊은 울림을 퍼트린다

항아리 속에서 충만하게 숙성된
샛노란 만월이 떠오른다
태아가 터트리는 첫 울음,
탄생을 일으키는 변화로
스스로를 버려 스며들고 베어든
조화로운 기운을 간곡히 품어
새 생을 해산한, 술 항아리

항아리 속 내 안의 우주에서
36도의 피돌기로 시심을 숙성시키면
사람을 진실로 취하게 하는
글 몇 줄의 약주가 세상에 나올까

독도를 수놓다

첫 해가 뜨는 바다,

쌍둥이 별자리로 좌표를 잡아
바위섬 한 쌍을 밑바탕에 그린다
탄생의 울음으로 열린 바늘귀에
난생 처음 뜬 눈빛을 색실로 꿴다

촘촘히 엮어가는 수실의 피돌기
하늘과 바다가 경계 없이 맞닿은
비단 천을 들고나는 바늘 속에
동도와 서도가 채워지며
섬 백리향이 피고 흰 갈매기가 난다

마음을 밝혀 몸의 길을 닦으며
한 치도 어긋남 없이 짜나가는
깊고 높은 염원,
바늘 끝을 휘감치는 절정의 순간,

독도가 해수면 위로 우뚝 솟는다
하나의 혈통인 해를 수놓아
찬란한 윤슬에 휩싸인 독도가
새 빛을 한반도에 퍼트린다

농어바위

난바다에서 힘살을 돋우던
단단한 살점을 파도에 파먹히고
가시뼈만 앙상하다
은결을 일으키며 지문을 빛내던
지느러미를 힘없이 끌며
농어들이 검버섯 핀 아가미로
농어바위에서 숨을 헐떡인다

친구 문안차 들른 요양병원
바위꽃 핀 표정 없는 이목구비로
역광을 펼친 노을 속에
한 겹 그림자를 길게 늘어 뜨린 채
비린 슬픔으로 맞는다
서로 맞잡은 야윈 손아귀에
시린 체온으로 어둠이 번진다

생의 마지막 질문을 드리운
낚싯바늘에 영혼으로 대답하듯
미늘에 스스로를 꿰는 농어

병상에 있던 친구 부음을 듣는다

충만한 생애로 넘치는 달빛이
농어바위 물살에 상복을 입힌 듯
농어 비늘이 하얗게 념실 댄다

불꽃에게

한여름 마당에 누워 밤하늘 은하수를 바라봅니다
별무리들이 어우러져
은하수 유영하는 별빛 속에 내 꿈을 그려 봅니다
저 높고 깊은 어둠에서 반짝이는 별빛에 나를 던져봅니다
헤일 수 없는 별빛 사이에
어느 별 하나 나를 향하여 달려오다
다른 별 하나와 마주쳐 찬란한 별빛 수놓고
흔적없이 사라지는 별똥별
그들의 만남을 보았습니다

늘 그리워하던 별빛과의 만남
그 별의 만남에서 불꽃을 보았습니다
불꽃 속에는
별빛이 흐르고 동심이 살아나고 꿈이 아롱아롱합니다
샛별이든, 북두칠성이든, 리겔이든,
삶을 불살라 찬란한 별빛을 이루며
불꽃은 불씨에서 불씨는 불꽃에서 별빛이 화사합니다

지상에는 하늘의 별만큼이나 많은 꽃들이 피고 지고
또 피고
당신에게서 영원을 보았습니다
별빛 무리지어 불씨로 모두 드리오니
불씨 한 톨, 불꽃이 피어 있는 한
별빛보다 더 오래 빛날 것입니다

유랑극단

4월의 막이 오른다
진해에서 섬진강을 따라
여의도까지 유랑한 신춘 가설무대

봄볕으로 분장한 어릿광대가
꽃소식을 알리자
나무마다 활짝 피어나는 벚꽃

은빛 반짝이는 의상을 빛내며
유행가로 흥을 돋우고
외발 자전거로 나이테를 돌며
저글링을 보이는 꽃잎

바람에 줄을 맨 그네 위에서
사방으로 꽃가루를 퍼트리며
아슬아슬 온몸을 날릴 제
허공을 솟구쳐 추락하는 찰나,
사뿐 발판을 내딛은 꽃잎에
관객들이 갈채를 보낸다

일막을 내린 윤중로
유랑극단에 실린 꽃잎이
새봄을 향해 떠난다

책으로 세운 집

북악산 자락의 파란 기와집은 왕조실록이다
여의도 한강변 쌍둥이 집은 통속소설 상하권이다
잠실벌 석천호 마천루 집들은 우뚝 선 자본론
마포골 아현동 판자집들은 진솔한 삶의 생활 수필,

삭막한 도시의 정중앙에
창작의 열정으로 피어난 꽃들,
책방마다 서가에 즐비하게 꽂힌 시집들,
생의 고통으로 피운 꽃 속에서
안식을 찾는 나비가 날아든다

시집의 페이지를 문처럼 열어
꽃술의 향기를 읽는다
꽃가루를 더듬이에 묻힌 느낌표로
새 삶의 방향을 깨우친다

집들이 품은 사색의 차이가
그 집의 무게에 비례한다
내 집, 내 시집에 세상을 껴안는
소통의 이미지들을 채운다

제3부

닭에게 물어봐

닭에게 물어봐

닭장 앞에 선다
닭들이 내 앞에 모여든다
철망을 친 울타리 안에서
평화와 안전을 보장해주고
삼시 세끼 모이를 주는 주인인
나를 알아본다

수탉이 홰 울음으로 깨운
첫새벽을 나에게 알려주고
암탉은 유정자로 낳은
알을 내어주는 까닭이다

마치 선거철을 맞아 닭들이
나를 선량選良으로 뽑아주듯
수탉은 붉은 벼슬로 한 표를 찍고
암탉은 알을 투표함에 넣는다

닭이 내 앞에 모여드는 것을
아는 사람은 당선된다

국경을 두른 경계 안
배부른 경제 속에서
닭은 현명한 머리로 알고 있다

고추와 며느리밑씻개

채마밭 비닐하우스
고추 농사 모종으로 살림을 낸다
고추 모종이 뿌리를 내린
고랑 사이에
며느리밑씻개가 무성하다

농부가 호미질로 김을 맨다
무슨 색정이 저리 왕성한지
김을 매도, 매도
고추밭에 파고드는 며느리밑씻개

고추가 발기한 땅심과
햇살 부푼 욕정,

장맛비에 더 기승을 부린다
음기淫氣로 핏줄을 달궈
고추의 진을 몽땅 빨아낼 듯
막무가내기로 엉겨든다

호미날에 뿌리가 끊겨도
끈질긴 생산력으로 번식한다

농부가 손녀를 품은 마음으로
김매기를 중단한다
저것들도 귀한 생명이 아닌가

시간 여행

시속 1,260km로 달린다
시간은 멈춤 장치가 없다

푸른 지구별의 여행길
직선궤도에서 사각지대를 만나
급커브에서 핸들을 잡는다
낭떠러지로 찍힌 스키드 마크를 지나
굴곡진 길을 굽이굽이 오른다
심장을 달군 엔진으로
푸른 지구별 끝자락에 닿는다

초속 350km,
시간 여행에서 몸을 빠져 나온
영혼이 수평선 너머
은하수 길로 접어든다

정직한 몸

광개토대왕이 영토를 정벌하듯
고구마를 먹었다
식도에서 위장으로 진군하여
다음 날 고구려의 식민지로
거대한 요동반도를 배설했다

백제 의자왕이 향락에 빠지듯
담배를 피웠다
삼천 궁녀와 염문을 피우는 연기로
타락한 폐에 니코틴이 끼면서
사비성처럼 몸이 함락되었다

신라 화랑이 심신을 닦듯
새벽에 사과 먹기 5년
사과 향기에서 향가의 노래가
생명의 피돌기에 엮여
얼굴빛이 홍옥으로 변했다
어진 정신, 강건한 육신이
세상과 어우러진
삼국통일로 화평을 이루었다

썩은 사과

홍등가를 밝힌 색바람 속
붉은 색조를 곱게 물들인 낯에
한 점 흑점을 찍은 사과

가을 햇살에 보톡스를 맞아
양 볼이 주름 없이 팽팽하다
단풍빛깔을 칠한 입술로
짙게 화장한 여인의 얼굴에 그린 애교점

꽃뱀의 눈알인 양 고혹적인
반점에 엄지손가락이 닿자
무른 속살에 지문이 빠져든다

매춘으로 벌레를 품어
암흑같이 속내가 썩은 사과
쾌락이 진동하는 악취를 달콤한 향내로 은밀히 감춘
그녀의 정체를 뒤늦게 깨닫는다

자본주의는 사과 썩듯 망한다*
선악과에서 타락한 사과를
혁명하듯 쓰레기통에 버린다

*마르크스가 자본론에서 한 말

죽은 고래의 비밀

크릴새우떼가 유영하듯
인간이 버린 비닐이 비늘로 반짝인다
썩지 않은 수의로 떠다니며
해류를 따라 은빛 비늘인 양 너울댄다

대양을 휘젓고 돌아다닌 지친 고래가
크릴새우떼의 살랑대는 환상에
커다란 입을 벌려 먹잇감인 양 삼킨다

식도에서 잠긴 비닐 뭉치가
빈 창자에 암흑 덩어리로 엉킨다
내생 없는 고통을 내장에 퍼트리며
비루한 비닐이 죽음을 부른다

한때 무지개를 두른 등을 열어
오색 물줄기를 내뿜던 분수공이 막혀
허파로 가쁜 숨길이 역류한다
보이지 않는 악령의 은유로
창자가 뒤틀리는 몸부림 속에

심해로 나가지 못하고 파도에 실려
비닐이 폐기된 물길로 떠밀린다

해안에 몸을 무덤으로 부린 고래가
오늘밤 고래좌 별빛을 하늘에 그렁그렁 매단다

꽃몸살

착한 잎줄기 속 초록 수액이
몸을 달군 피돌기로 꽃대를 밀어 올린다

홍조띤 뜨거움과
차갑게 샐쭉대는 낮빛은
꽃몸살을 앓는 신호,

초등학교 6학년 계집아이,
꽃샘이 고인 듯 볼록 내민 가슴
꽃망울 움트는 설렘으로 나불거리는
진달래 꽃잎 입술

머리카락마다 노랑 봄빛을 물들인
개나리의 꽃피는 아픔
민들레에 맺힌 하얀 씨방을
멀리 퍼트리려는 호기심에
남실바람을 기다린다

새봄의
사춘기에 맞는 꽃몸살
꽃보다 더 아프다

내 마음의 활

화살의 힘은
팽팽하게 시위를 당긴
활의 긴장에서 온다

푸른 힘줄을 당겨 부풀린 가슴으로
온 몸이 긴장하면
세상길에 헛발을 딛지 않는다

한순간 꽃이 전율로 피듯

과녁을 겨눈 시위,
손끝 지문을 풀 듯 놓는다

생의 아름다운 약속에서 번지는
파동의 깊은 떨림
마음이 환한 공명통을 울리는 명중

새날이 찬란한 선율로 열린다

개미집

벌초가는 길 오솔길 소나무 아래
봉분 같은 성城 앞을 지키는 개미들
중세 때 투구와 갑옷으로 무장한
초병들이 발걸음을 멈추게 한다

솔잎으로 높이 망루를 쌓아올린
병정개미들이 성을 향해 돌아간다
더듬이에 빛나는 창끝을 세우고
군화가 지축을 울리듯
당당하고 고요한 보폭으로
전투에서 승리한 전리품을 나른다

생은 전투와 같은 것,

추석날 고속도로에 늘어선 자동차들
하루하루를 살아가는 삶의 전쟁터에서
오늘을 이겨내며 승리를 쟁취한
귀향 행렬이 거룩한 생명선을 뻗어
마음의 짐을 몸보다 앞당기고 있다

며느리밑씻개

매운 시집살이를 사는 마늘밭
고랑 사이로 며느리밑씻개 무성하다

육쪽으로 쪽진 머리에서
마늘종을 뽑어 올리는 며느리
시어머니가 가시털을 돋운 잎새로
쐐기 문자 잔소리를 쏟아낸다

마늘 줄기를 시퍼렇게 휘감고 오르는 넝쿨
그악스런 심사로 옥죄는 고통 속에서
고된 하루 끝에 눈물별이 떠오른다

눈시울을 적시는 파동 속에
친정엄마의 얼굴이 어른거린다
아리게 여문 눈물방울이
툭, 부어오른 발등을 짓찧는다

며느리밑씻개도
족보에 없는 며느리였을 것이다

지는 동백꽃에 우는 동박새

갸름한 어깨 너머 출렁이는 생머리
하늘하늘 뒷모습이 하도 고와서
샛강에 젖듯 눈과 눈을 마주보고
동산 같은 가슴과 가슴을 나누며
어느덧 예까지 이른 반백 년
알뜰살뜰 살림 일군 세월이었다오

동백기름 바른 듯 반드러운 생머리에
동박새가 서리꽃 물고 날아들어
눈물방울을 아로새기며 하냥 웁니다
하얗게 센 석양빛 재를 넘고
개밥바라기별이 이정표로 떠오르네요

님과 나, 아기자기 가야 하는 황혼길로
너덜경을 지나는 푸른 이내 속에서
서로 발밑을 쓸어 길을 닦아줍니다
어느 날 당신 먼저 황천길에 올라
은빛 물결 흐르는 미리내를 건널 때
206마디 뼈로 징검돌을 놓을 거예요

폐그물에 엉킨 명줄

아기 숭어의 아가미가 폐그물에 걸린다
오던 길과 갈 길이 뒤엉켜
여린 몸통을 올가미로 옥죈다

생명이 어울려 교향곡을 연주하던
바다 속이 레퀴엠을 탄주하며
폐그물에서 시체들이 썩는 물을
물고기의 부레로 흘려보낸다

몸부림 칠수록 살을 찢어 발기며
죽음을 엮은 질긴 매듭이
초승달을 내민 등뼈로 파고든다

어미 숭어가 입이 몽땅 해지도록
폐그물을 처절이 물어뜯는다
수평선이 드넓게 펼쳐진 세상,
제 삶을 살지 못한 아가를 따라
어미 숭어가 폐그물에 스스로 몸을 묶는다

새까만 눈에 그렁그렁 고인 눈물을
은빛 비늘로 닦아주면서
피안으로 떠나간다

사랑을 깨우치는 테니스

하얀 선의 23,7m* 10,97m 코트 안
90cm 높이의 그물망을 중앙에
양편으로 마주친 두 사람,
핏줄을 엮은 라켓으로 서브를 보낸다
상대가 공을 못 받으면 Love
나에게는 Fifteen

상대가 친 스매싱을 받아낸다
낮은 자세로 목에 힘을 빼고
어깨근육을 부드럽게 밀어낸다
상대의 빈 공간에 안착하는 공
나이스 샷 Thirty Love

점수에 비례하여 욕망이 커진다
온몸의 힘살을 잔뜩 부풀리고
고개를 빳빳이 세워 팔뚝에 힘을 준다
공중에 뜬 공을 강하게 내려친다
네트에 걸려 백색선 밖으로 튕겨나간다
Thirty FiFteen

순식간에 Thirty All
긴장과 초조함이 흐른다
몸 밖에서 라켓이 헛놀음하듯
헛스윙으로 허공을 가른다
Thirty Forty, 역전 당한 전세

어디 테니스뿐이랴

몸 속 욕망을 뺀 부드러운 힘으로
가슴에 품은 공을 심장 박동처럼
가볍게 밀어서 넘겨주면
대문자 'LOVE'로 마음자리를 찾는다

노을 속 갈매기

서해 파도 자락을 물들인
노을빛을 양로봉에서 바라본다

육신의 피를 달군 한낮의 열기는
열두 폭 병풍처럼 어둠에 묻혀간다

사람으로 태어나 오늘이 있었고
오늘을 관통해 일생이 있었구나

노을이 만개한 꽃상여,

마지막 활공으로
무인도에 떼를 입힌 초록빛 봉분마다
갈매기들이 빨갛게 시린 발을 내린다

지구를 자전하는 달의 인력 밖으로
은빛 찬란한 은하계가 떠오른다

원아조득월고해願我早得越苦海*

*천수경 천수천안관자재보살광대원만무애대비심대다라니에서.

제4부

아가의 바다

아가의 바다

바다의 첫 줄은 젖줄에서 시작된다
수평선을 벌린 입술이 모어母語를 빤다
심장의 말이 젖샘으로 흘러들어
몸속 백지에 필사되는 글자들
따스한 문맥을 잇는 혈맥이
파도의 맥박으로 퍼져나간다
분홍빛 허파꽈리에서 팽창한 숨결이
부레가 부풀린 기포로 피어난다
은빛 비늘로 도드라진 젖니가
아가미를 팔랑대는 주어 자리에서 빛난다
꼬리지느러미가 서술어에 지문을 펼친
문장,
찬란한 젖가슴을 본능적으로 읽는
혀가 느낌표를 찍으며 유영한다
첫 단락을 품은 아기고래가
황금률로 윤슬이 번진 물낯 위로
방싯, 물보라를 뿜어 올린다
하얀 밀물에서 푸른 뼈가 자란 글자로
출생신고서에 이름이 기록된다

달맞이

바이칼호* 얼음 호수에 뜬
달맞이

귀 달린 달 있어 내 기도 들어줄까
눈 달린 달 있어 내 모습 봐줄까
고요한 심장에서 공명되는
추억의 소야곡**이
달을 향해 음계의 사다리를 그린다

첫사랑과 맺은 손끝에
생인손 앓던 이별의 아픔을
선한 눈매로 감싸며
머리칼 올올이 은백색을 빛내는
달빛

마음의 지문이 나이테를 두른
흰 자작나무로 서서
달맞이를 밝힌다

*바이칼호: 러시아 동시베리아에 있는 담수호, 초승달 모양이다.
**소야곡: 남인수 노래

몸이 혀보다 더 많은 말을

중환자실 하얀 침대보가
햇봄에 온갖 꽃들로 피어난다

아내의 앙상한 다리를 주물러주는
손끝에 살아나는 보드라운 살결
방년의 시절로 돌아간 몸이
찬란한 수줍음으로 말을 건넨다
푸른 지문으로 엮이는
거룩한 언약에 가슴이 아려온다

툭, 눈물 한 방울이
아내의 힘없이 감긴
얇팍한 눈꺼풀 위로 떨어진다

메마른 강줄기로 누워있는
아내에게 맑은 물길을 틔운다

몸이 혀보다 더 많은 말을 한다

부치지 못한 편지

빗방울은 추억이 되어
가슴속 그리움으로 젖어든다

세월이 가면 심장에 두근대던 빛도
온기 한 점 없이 바랜다지만
마음의 중심에 새겨진 첫사랑 너의 얼굴,

파란 잉크빛 정맥을 풀어 쓴 편지로
붉은 동맥으로 꽃 핀 너에게 가리라
서로 언약을 맺던 꿈을 향해
밤비 한 올 한 오리를 엮어
이별로 끊어진 하 세월을 잇는다

사랑할 때보다 애틋한 그리움 아니냐
사랑의 몸을 얻기보다
부치지 못한 편지를 품고 홀로 견디며
마음속 추억으로 무지개를 띄울 때
첫 사랑이 오롯이 살아서 온다

차 안에서

십수 년 타고 다닌 승용차
비바람에 눈물자국으로 녹슬어 있다

몸속 피돌기를 달군 엔진에
심장의 동맥경화인양 엉킨 검은 오일
헐거운 요도기관으로
요실금이 땅거미처럼 번진다

시속 77km로 달리기만 해도
엔진 박동이 폭발할 듯 팽창한다
가슴을 압박하는 통증 속에
배기통으로 가쁜 숨결을 내뿜으며
생의 어두운 배면으로
은회색 구름을 피워 올린다

백내장으로 수정체가 흐려진
백미러에
검버섯이 별자리로 피어
천상열차분야지도*를 새겨놓고 있다

너와 나 한창 때보다
더 편안하고 정겨운 친구가 되어
차안此岸의 끝점을 달린다

*숙종 때 돌에 새긴 천문도.

눈물

여자의 눈물은
태아를 감싸는 양수로 차오르고
젖물로 불어
해산하는 어머니가 된다

남자의 눈물은
가슴 속 공명통을 울리는
벅찬 생명의 의지로
피돌기를 휘돈다
푸른 근육의 힘으로 뻗어
가장인 아버지가 된다

높은 산 깊은 골도
비바람 눈보라치는 시련 속에
눈물을 깊은 수맥으로 품어
생명수로 샘솟는다
초목의 수액을 물들이고
동물의 순결한 피를 적시는
마르지 않은 계곡물이 된다

시인의 눈물은
생의 사막을 횡단하느라
굳은살을 달구고 상처난 발을
드높이 받들어 씻어주는
세례식인 양
성스런 경전이 된다

묵은 숙제를 풀고 나니

과년한 딸 가진 애비 마음은
늘 무거운 숙제였습니다

정화수 바친 마음에 일월성신을 띄우고
조상님께 빌고 빌었습니다
기도 도량에서 불공도 올렸습니다
그 정성에 대한 응답이었을까요
병신년 가기 전에 딸 혼사를 치른
애비 마음은 홀가분할 것 같으면서도

문풍지 틈새로 찬바람 이는 허허로움
창밖에 어른거리는 달빛 그림자가
딸의 이목구비로 환하게 비쳐들어
마음 안쪽에 오롯이 들어앉습니다
여식이 들고 나던 방이 왜 그리 스산한지요
풀벌레 울음이 여식의 발걸음 소리인 양
젖은 눈길이 현관 쪽을 향하고
바람결에 흔들리는 작은 문소리에
귀가 쫑긋 일어섭니다

아비 걱정 말고 편히 잘 살아다오
너만은 행복하게 살 것이다
스스로 다짐하는 극진한 마음으로
생강나무 꽃이 맵게 피는 듯합니다

죽음의 종류

오늘 예술의 전당에서 푸치니의 오페라
"토스카"를 감상하고 죽음의 종류를 알았다

사랑을 위한 죽음들…
푸치니는
토스카에서 스카르피아가 카바라도시를 죽이고
그것도 모자라 토스카는 스카르피아를 죽이면서
"사랑에 살고, 노래에 살고" "별은 빛나건만 "
아리아로 막을 내렸다

셰익스피어는
로미오와 줄리엣을 "죽음도 삶의 일부"라며
아름다운 사랑으로 어린 남녀를 죽음으로 몰고 갔다
윤심덕 김우진은
"이래도 한세상 저래도 한세상 무엇을 취하려 왔느냐" 하며
현해탄 구만 리 물길 속으로 영원한 사랑을 찾아 나섰다

오페라 무대를 펼친 도시 속
연극의 대본에 등장하는 인물들,

사랑요양병원 병실마다
천 길 낭떠러지에서 생명줄에 매달린 목숨들,

아리아로, 희곡으로, 유행가로
죽음의 노래를 짓는다

내 몸의 운전

세상길을 운전한 지 어느덧 50년
생이 향한 목적지를 내비게이션에 찍고
나비 날갯짓같이 액셀레이터를 밟는다
브레이크로 속력을 줄이고 방향을 바꿔
곡선 궤도의 곡절에 마음을 다스린
운전으로 맞이한

무사고 50년

소처럼 순한 소나타와 동행한 길
노을빛 찬란한 역광 속,
백미러에서 넘겨지는 일대기의 내력이
충만한 가슴 속 울림으로 펼쳐진다
노쇠한 몸의 등뼈가 굽은 외길에서
영혼의 눈빛으로 피안을 향한다

졸卒

사군자의 도道와 덕德을 엮은 조리로
조리條理에 맞는 생을 일군다
배움에 글자를 조리질하여 뉘와 돌을 골라낸 인격체
졸업은 또 다른 시작

세상 속 장기판에서 졸卒로 사회생활을 시작한다
학생 시절 꿈을 일으킨 조리질이 한 끼 양식을 얻는 방편,
삶의 전쟁터에서 최전방으로 진군한다

졸卒로 장열하게 전사하듯
명퇴라는 이름으로 사회를 졸업한다
열심히 살아온 명예로운 졸업장이
어느 날 부고장으로 날아드는 졸업식

공원묘지 비석에 새겨진
생生 모년 모월 모일, 졸卒 모년 모월 모일

피안의 상급 학교에 입학한 영혼은
학생부군學生府君 되어
제삿날 지방을 써 붙일 때마다 이승으로 소풍을 온다

인연의 고리

금빛 쌍가락지가 순환한다
햇빛이 노을로 기운을 다하면
달빛이 어둠을 밝혀 자전하고
달무리가 스스로 제 빛을 거둘 때
햇무리가 궤도를 여는
인연의 고리

인연을 바꾸어 읽으면 연인이 되어
한평생 사랑하며 살아온
우리 부부가 아닌가
비구름이 해와 달을 가리고
일식과 월식으로 그림자를 드리운다

순아,
야윈 몸으로 점점 사위어 가는 달빛에
해의 심장에서 붉은 동맥을 흘려보내
오늘도 아름다운 이목구비를 밝히는
이별 없는 사랑이기를…

고해하듯 간곡히 올리는 기원에
날마다 우리 부부 첫사랑 같지 않은가

* 한국문인협회 시분과 사화집 2017년도 판 《한국시인 사랑 시》

면접 준비

향년 84세, 내 어머니 폐암 말기
"아범아, 염라대왕이 면접시험 볼 텐데"
스스로 묻고 답하는 시험 준비생

어디서 살다 온 뉘인고?
지구촌 영흥면 생각리에 사는 양산례
뭐 하고 살았노?
산 밭떼기 일궈 자식들 배부르게 먹이고
어떻게 살았노?
남편 사랑 다 받고
내 손 부지런하여 부자 소리 듣고
일곱 자식 잘 키워 사람 만들었소
그래 앞으로 무엇이 되겠는가?
나, 관세음보살 되려 하오

2003년 6월 20일 정오
염라대왕 면접에 합격하여
서방 극락국 관세음보살로 현현하시다

어머니와 함께 70년 세월 마주보고 지낸
사랑방 툇마루 앞 쭉나무, 대추나무
어머니 따라 서방국 시녀로 들어갔다

문예 작품상 수상 소감

사랑하는 여인의 부모 앞에
선을 뵈듯
사뭇 떨리는 가슴으로 시편들을 응모했다

시심의 깊이로 살아있는 눈빛
창작의 열정으로 물든 붉은 입술
시인의 자존감으로 우뚝 선 콧등
사물의 본성을 듣는 열린 귀

현미경같이 미물을 관찰하고
망원경처럼 우주를 탐색하여
상상력으로 아우르는 두뇌와
시의 본질에 어긋나지 않는
품격 있는 몸가짐을 갖췄는가

시편으로 갖춘 자태에서
한 올도 흐트러짐이 없도록
몸과 마음의 매무새를 가다듬으며
끝없는 성찰 속에 퇴고했다

시와 백년해로 할 수 있도록
사위로 선택하신 심사위원님
문예를 처갓집으로 삼은
영광을 대대손손 누릴 것이다

신생新生을 여는 독도*

첫 햇살로 순수한 혈통을 이은
두 개의 바위가 쌍생아처럼 솟아있네
쌍둥이별자리가 언약을 맺어
둥근 해를 띄워 올리는 게 아니냐
각기 다른 심장을 하나로 맞대고
심연에 발부리를 굳건히 내딛은 채
밤새 풍랑에 젖은 마음을
백양목같이 바위에 널어놓네
누이야, 우리 한때 둘이 아니었냐
고통이란 고통을 모두 겪어내고
슬픔 속에서 슬픔을 씻어내어
황홀한 하나로 서 있네
늘 새날을 비추는 햇빛의 제단에
영원한 오늘로 벅찬 가슴을 일으켜
대양에서 번진 파랑으로
상처 없는 지문을 피륙처럼 짜네
수평선을 두른 평등한 한 몸이란
누이야, 하늘을 겸손히 낮추어
심해를 한껏 드높이는 게 아니냐

사람 밖의 외론 사람이 아니라
사랑 안에 품은 사람으로
두 개의 섬이 성지를 이루었네
누이야, 흰 물결에 순결한 발을 씻기는
내 손이 이토록 거룩해지네
처녀의 물살에 풀린 손금이
첫날로 뜬 햇살에 쌍가락지처럼 엮여
신생의 몸인 한반도에 닿는다

*제7회 대한민국 독도문예대전 특선 작(시, 일반부)-2017년.

다시 한 번 더, 또 다시

눈 안에 꽃자리로 들어 있는데
그림자만 아물거릴 뿐
상사화로 보이지 않는 얼굴

꿈속에 손잡고 걸었는데
따스한 손길이 아련할 뿐
생시에 만날 길 없는 그림자

강물 소인에 꽃 편지 띄웠는데
산 너머 남풍에도 소식이 없더니
수신인 없어 되돌아온 꽃소식

애틋한 가슴 열어 당신을 보낸들
상처로 남은 꽃 진 자리에
낙화로 그려진 초상화
그리운 당신

제5부

심사평

심사평

예년에 비해 예심을 거쳐 올라온 작품 양이 많았다. (유목 외 4편) (바람 외 4편) (숲 외 4편) (조물주가 남긴 문에는 외 4편) (인연 중 인연은 외 4편) (풀꽃 외 4편) (계절의 은유법 외 4편) (치매의 시간 외 4편) (쥐와 유목민의 관한 고찰 외 4편) 등이다

계간문예문학상이 회를 거듭하면서 점차 자리를 잡아간다는 증거다.

이 상의 심사를 하면서 심사위원으로서 나름 어떻게 상의 취지에 맞게 작품을 선정하느냐에 고심해왔다. 또 매년 어떤 시인의 좋은 작품을 만날 수 있을까 관심을 가지고 심사에 임하기도 하였다. 나로서는 3회에 거쳐 당선자를 내게 된 것을 고맙게 여긴다. 이 작품들 모두가 계간문예에 관심을 가진 우리 시인들의 작품이기 때문이다

당선작으로 〈몸의 개화 시기〉를 뽑는다. 뽑는 이유는 간단하다. 예선을 거친 작품 거의가 우리 시단의 많은 시인들이 흔히 보이는, 시의 첫 행에서 상투성을 보이는 작품이다. 예선 통과된 작품 중 첫 행이 '물을 준다' '계절은 무명의 시인이다' 등에서 보듯이 시의 첫 행부터 굳이 시를 보지 않아도 시가 어떻게 전개 될지 다 읽히기 때문이다.

당선작 〈몸의 개화 시기〉의 첫 행은 '봄비가 링거줄을 타고 내린다. 로 시작되어 '몸에 링거 줄을 타고 내린다.' 는 산문성보다 더 강한 시적 아우라를 지니고 있고, 시의 내용이 무엇인가 읽게 만든다. 이 시인의 다른 시 〈수선화가 핀 수선집〉의 첫 연 '수선집 골목으로 꽃대가 자란다/ 가난한 내력을 살림의 뿌리로 일으켜/ 외떡잎 지문이 광합성하는 바느질로/노란 수선화를 얼굴에 피운 여자' 가 가지는 시의 함축성이 얼마나 중요한가의 본이 되리라 본다. 많은 시인들이 염두에 두었으면 한다. 당선된 시인의 문운을 빈다.

심사위원: 강우식(시인) 김창완(시인)

시인들이 뽑은 좋은 시의 시평詩評

향년 84세, 내 어머니 폐암 말기
"아범아, 염라대왕이 면접시험 볼 텐데"
스스로 묻고 답하는 시험 준비생

어디서 살다 온 뉘인고?
지구촌 영흥면 생각리에 사는 양산례
뭐 하고 살았노?
산 밭떼기 일궈 자식들 배부르게 먹이고
어떻게 살았노?
남편 사랑 다 받고
내 손 부지런 하여 부자 소리 듣고
일곱 자식 잘 키워 사람 만들었소
그래 앞으로 무엇이 되겠는가?
나, 관세음보살 되려 하오

2003년 6월 20일 정오
염라대왕 면접에 합격하여

서방 극락국 관세음보살로 현현하시다
어머니와 함께 70년 세월 마주보고 지낸
사랑방 마루 앞 쭉나무, 대추나무
어머니 따라 서방국 시녀로 들어갔다

– 〈면접 준비〉 전문

태동철 시인은 노년기에 새로이 시에 뜻을 둔 멋쟁이 시인이다.

언제나 유쾌 명랑하며 낙천적이다. 시인의 술회에 의하면 우리나라 유수의 건설회사에 입사하여 중동의 건설현장에서 젊음을 불태우고, 60대 중반 나이에 문득 시에 눈을 뜨면서, 임원으로 퇴사해 중앙대학교 예술대학원 문예창작전문가 과정을 열심히 이수 공부하면서 습작에 열중하니 시인의 가슴에 잠자던 바다가 물결쳐 나오면서 운명처럼 시인의 길에 들어선 것이다.

이 때문에 태동철 시인의 시는 데크닉에 의존하기보다는 내용을 우선시 하되 삶의 바닥 여기저기 뒹굴고 있는 고통을 온몸으로 껴안는 연민에 의지하고, 그 체험이 시사하듯 70년 삶의 상수원에서 뿜어내는 발랄하고 명랑한 젊음, 긍정적이자, 낙천적인 해학의 생활철학으로 시의 틀을 만들어 낸다.

폐암말기의 어머니가 죽음에 임박해 죽음을 삶의 한 연장이

자 경계를 뛰어넘는 면접시험으로 보는 이 작품은 읽을수록 해학이 넘치지만 동시에 시인과 시인의 어머니가 공유하고 있는 죽음과 삶에 대한 인생관의 깊이를 보여준다.

시인의 어머니는 살아생전에 관세음보살이 되고자 하는 소망을 가졌기에 죽음을 소원성취의 통과의례로 생각한다. 자문자답의 내용 역시 현세의 삶을 얼마나 긍정적으로 받아들였는가에 초점을 맞춘다. 다시 말해 죽음은 멀거나 낯선 두려움과 공포의 세계가 아니라 한 생의 소원이 성취되는 곳이고, 그 성취란 현세의 생이 이루어낸 업적에 다름아님을 보여주는 것이다.

어머니의 성취만이 아니라 어머니와 70년 세월 마주 보고 지낸 /사랑방 마루 앞 쭉나무, 대추나무/ 어머니 따라 서방국 시녀로 들어갈 만큼 여유롭다. 부모님을 소재로 한 여러 시편들을 보면 태동철 시인의 자원이라 할 수 있는 이런 해학은 아마도 태생적인 게 아닌가 싶다.

결론하자면 태동철 시인의 해학과 연민은 시인의 시를 이끌어가는 두 축이라 할 수 있다. 앞으로도 해학은 더욱 그의 시를 젊고 명랑하게 만들어나가고 연민은 그의 시에 깊이를 더할 것이다.

공자는 칠순을 가리켜 "마음이 하고자 하는대로 따르되從心所欲 법도에 어긋나지 않는다.不踰矩"라고 하였다.

태동철 시인의 시업詩業 또한 반듯하기 그지없으니 그가 쌓아나갈 업적을 계속해서 지켜볼 기쁨만 남은 것 같다.

– 방산 사숙 박제천 시인의 시평

졸卒

사군자의 도道와 덕德을 엮은 조리로
조리條理에 맞은 생을 일군다
배움에 글자를 조리질하여 뉘와 돌을 골라낸 인격체
졸업은 또 다른 시작

세상 속 장기판에서 졸卒로 사회생활을 시작한다
학생 시절 꿈을 일으킨 조리질로 한 끼 양식을 얻는 방편
삶의 전쟁터에서 최전방으로 진군한다

졸卒로 장열하게 전사 하듯
명퇴라는 이름으로 사회를 졸업한다
열심히 살아온 명예로운 졸업장이
어느 날 부고장으로 날아드는 졸업식

공원묘지 비석에 새겨진
생生 모년 모월 모일, 졸卒 모년 모월 모일

피안의 싱급 학교에 입학한 영혼은
학생부군學生府君 되어
제삿날 지방을 써 붙일 때마다 이승으로 소풍을 온다.

– 〈졸卒〉 전문

태동철 시인의 시 졸卒은 현대사회의 보편적 사회인의 생을 5연으로 나누워 한 족자 안에 정갈하게 개진해 보여주고 있다.

여기에서 주목해 볼 것은 조리라는 단어인데 "조리條理에 맞는 생"에서는 가지 조條에 다스릴 리理로 가닥을條 정리理 한다는 뜻을 갖는다

이를 사전적 의미로는 사물의 도리라 하겠으며, "사군자의 도道와 덕德을 엮은 조리"나, "배움의 글자를 조리趙籬 질하여 뉘와 돌을 골라낸 인격체"는 같은 의미지만 그 원래의 용례는 다른 것이다

조리 조笊에 울타리 리籬를 쓰는 "조리"는 쌀이나, 곡식의 돌을 걸러내는 국자 모양의 주방기구 이름이다. 여기에서 '사군자의 도와 덕을 엮은 조리' 라 함은 굽힘이 없는 바른 의지와 변함없는 일심을 나타내는 사군자 중 조리를 만드는 재료가 가느다란 대나무를 엮어서 만들기 때문일 것이다.

동음 이의어의 전혀 다른 뜻 속에서 시인은 놀랍게도 범우주적 의미를 천작해 내고 있다.

몇번의 졸업과 입학을 거쳐 2연에 들어서면 인생이라는 장기판에서 가장 말단인 졸卒로 시작되는 사회생활이다. 이를 시詩적 화자는 "삶의 전쟁터에서 최전방"이라 표현한다.

그리고 3연에서는 아직도 진군해야 할 삶의 전방은 남아 있건만 자의반 타의반으로 명퇴라는 이름으로 졸업장으로 사회를 졸하고 "어느날 부고장으로 날아드는 졸업식"을 맞이한다.

그리고 4연에 오면 시적화자는 이제 공원묘지 비석 뒤에 새겨진 "생生 모년 모월 모일, 졸卒 모년 모월 모일" 생生에 대칭되는 사死가 아닌 졸卒은 이승의 졸업卒業에 다음 생生의 진행을 내포하고 뒤에 남겨진 이들에게' 제삿날 지방을 써 붙일 때마다 이승으로 소풍을 오는 것으로 기억될 것이라 한다.

각 연마다 생의 변화를 졸이라는 주제의식에 대입하여 천착하고 있는 시인의 시적 상상력이 시의 내면을 깊고 풍요롭게 하고 있다.

뫼비우스의 띠처럼 생과 졸은 끊임없이 자리를 바꾸며 존재의 과정을 이어갈 것이다.

2017년 문학아카데미 시인들이 뽑은 좋은 시에서

– 김창희 시인

내 마음의 활

화살의 힘은
팽팽하게 시위를 당긴
활의 긴장에서 나온다

푸른 힘줄을 당겨 부풀린 가슴으로
온 몸이 긴장하면 세상길에 헛발을 딛지 않는다

한순간 꽃이 전율로 피듯
과녁을 겨눈 시위
손끝 지문을 풀 듯 놓는다

생의 아름다운 약속에서 번지는
파동의 깊은 떨림
마음이 환한 공명통을 울리는 명중

새날이 찬란하게 선율로 열린다

— 〈내 마음의 활〉 전문

온 나라가 부정적인 에너지로 넘쳐난다. 아니 온 세계가 아집과 편견에서 오는 증오와 분노의 독화살을 맞아 고통으로 신음하고 있다.

"꿀이 아직도 반이나 남았네" 하고 말하는 긍정적인 사람의 맑고 밝은 웃음소리가 그립다. 그 부드러운 눈길과 잔잔한 미소가 너무나도 보고싶다.

태동철 시인의 시를 읽고 싶은 마음이 바로 그것이다.

"새날이 찬란한 선율로 열린다"고 예언하는 시인은 " 내가 겨눈 화살이 당신의 가슴에, 일에 중심에 명중하여 꽂히면 새날이 찬란하게 햇귀로 열리리"(시인의 말) 라고 기원하고 있다.

2003년 늦깎이로 등단하여 10년 만에 첫 시집 《내사랑 영흥도》를 상재 할 정도로 과작인 시인은 그러나 시를 향한 그 열정만은 그 누구도 따를 수 없을 만큼 치열하다. "팽팽하게 시위를 당긴/ 활의 긴장에서 나온" 것처럼 젊고 싱싱하다 그러나 밝고 긍정적인 성정으로 성공적인 삶을 이끌어온 노년답게 "생의 아름다운 약속에서 번지는/ 파동의 깊은 떨림"이 "마음이 환한 공명통을 울리는 명중"을 하게 된다는 삶의 지혜가 넘치는 시이기도 하다.

2013년도 《내 사랑 영흥도》를 상재하며 고향을 향한 애뜻한마음을 노래한 시인의 시 〈내 사랑 영흥도〉가 영흥도 주민들의 청원에 의하여 옹진군에서 군비郡費로, 2014년 12월, 그 고향의 한마당에 시비詩碑로 서게 되였다고 기뻐하는 시인의 삶에도 "찬란한 선율로 열리는 새날"이 하루 빨리 돌아오기를 바라는 마음 간절하다.

2015년 시인들이 뽑은 좋은 시

– 권현수 시인 불교문예 편집위원

신새벽, 산정에서

열 굽이로 등고선을 감아 올린
만삭의 산을 오른다
자궁 입구에 맺힌 이슬방울들

태아의 구부린 등처럼 낮게 등줄기를 숙인 채
한 발 한 발 숲길로 들어선다

바위가 까만 눈을 떠 가슴에 품은 길을 열어 준다
나무들이 배꼽에 두른 나이테로
흰 뼈대의 줄기를 일으켜 일란성 쌍생아처럼 맞아 준다

들판이 초록 잎맥에 새긴 손금으로
귀한 운명의 게시를 펼친다

은빛 가위날을 벼린 날개짓으로 노을 속 새들이
햇살의 탯줄을 자른다

배꼽을 두른 단전에 첫 생명의 숨을 들이쉰다
우주의 중심에 우뚝 선다

– 〈신새벽, 산정〉에서 전문

태동철 시인은 60대의 어느날, 문득 시詩에 눈을 뜨고 70대에 첫 시집 《내 사랑 영흥도》를 상재했다.

자신의 체험을 미학적으로 형상화 시키되 사적私的인 비감에 빠지지 않고 낙천적이고 긍정적이며 무엇보다 시詩가 젊고 명랑하다.

시에 대한 열정과 신명은 70대, 60대도 아닌,훨씬 더 내려가야 할 것 같다. 여기 인용한 시도 그렇다.

"만삭으로 솟은 산을 오른다/ 자궁 입구에 맺힌 이슬방울들 / 태아의 구부린 등처럼" 아직 이른 새벽, 동트기 전의 산의 모습을 표현 한 것이다.

시인에게는 자연이 곧 사람이며 거기에 생명을 부여한다.

또한 그의 시에는 오랜 인생 체험에서 숙성시킨 해학과 연민이 들어 있다.

사물을 바라보는 시선이 매우 따뜻하고 밝다. 산의 정상에 불끈 해가 솟아오르는 정경을 "산이 산고로 몰아쉬는 가쁜 숨결/ 맥박소리에 귀청을 물들이며/ 탄생의 여명으로 하늘이 트"인다고 했으며 "새가 햇살의 탯줄을 자른다/ 첫 생명의 숨을 들이쉰다"고 한다.

산의 정상에서 바라보는 일출을 이처럼 숨가쁘게, 생동감 있게 표현한 시도 흔치 않을 것이다. 비록 남보다 늦게 내딛은 걸음이지만 성큼성큼 건너뛰는 발걸음에 박수를 보내며 기대를 걸어 본다.

– 이섬 시인 《문학과 창작》 2013년 겨울호에서

팔미도 벼랑

흙 한 점 없이 살이 모두 뜯겨나간
시련 속에
흰 뼈를 일으켜 세운 골격으로 난바다를 품고 있다

심해에서 달려온 파도를 곧은 등으로 받아
포말을 피워 올린다
억센 늑골을 켜켜이 쌓아 올린 가슴으로
파도를 조각내서 떠나보낸다
앙상한 뼈에도 석화는 핀다

돌게의 안식처가 되고
숭어의 산란처가 되며
발목이 빨갛게 물질한 갈매기 쉼터가 된다

팔미도 벼랑
거친 파도에 한 치도 흐트러짐 없이
태초 이래 수직의 자세를 지키며
힘찬 발끝으로 가 없는 바다를 펼치고 있다
수평선 너머 몰려오는 파도
물굽이, 굽이 팔미도 벼랑 앞에서 오체투지한다

시인을 만나보면 장군같다는 생각을 한다. 우람한 체격이며 패기覇氣 넘치는 기상은 그 옛날 휘하麾下를 거느리고 적을 향해 맨 앞에서 돌진하는 갑옷 입은 장군이 오버랩 되는 것이다. 아니나 다를까 태씨족太氏族은 발해渤海의 첫째 왕 대조영大祚榮의 후손後孫이라고 한다. 대조영大祚榮의 지혜롭고 용맹하며 진취적인 유전자가 면면히 흐르고 이어지는가 싶다. 젊어서는 열사熱砂의 중동中東 건설현장에서 조국의 일꾼으로 그 능력을 바쳤을 때, 그게 다 장군다운 기개氣槪와 포부抱負가 아니면 불가능 했을 것이다. 그 업적과 경력을 뒤로하고 은퇴한 60대 중반에 이르자 홀연히 문학에 뜻을 세웠다. 시의 습작을 시작, 열정과 성의를 다하여 매진邁進을 하니 문무文武를 다 섭렵涉獵하고야 말 기세氣勢다. 시작이 반이라고 젊어서 축적蓄積해온 풍부한 체험을 바탕으로 《내 사랑 영흥도》《족보의 바다》를 출간하더니 세 번째 《팔미도 벼랑》을 상재하게 되었다. 하물며 해양문학상 우수상과 여수해양문학상 대상, 계간문예문학상을 연거푸 받는 쾌거를 이루었으니 충분히 축하받고도 남을 만하다. 경건敬虔하고 살뜰한 인간애와 애향심이 인정을 받아 고향에 묵직하고 커다란 시비가 세워졌고, 지칠 줄 모르는 강건剛健한 근면성실함과 도량度量을 갖춘 시인에게 옹진문화원의 원장 직이 맡겨져 업무와 시작詩作을 겸하며 활약하고 있다. 상재하게 되는 《팔미도 벼랑》 시인의 말에 스스로가 선택한 시 팔미도 벼랑은 최근 시인의 심사心事를 표출하는데 가장 성공했다는 생각이 든다. 그렇게 흙 한 점 없이 살이 모두 뜯겨져 나간 지경에서도, 심해에서 달려온 파도를 곧은 등으로 받아 석화를 피우고 돌게를 쉬게 하고 숭어의 산란이랑 갈매기를 쉬게 하는 팔미도 벼랑, 문화의 개화를 위해 기꺼이 자신을 군민의 언덕이 되어주려 애를 쓰는 시인의 빛나는 앞날을 축복하며 아낌없는 갈채를 보내는 것이다.

– 고정애 시인

저자 태동철의 - 시작 노트-

팔미도 벼랑

태동철

흙 한점 없이 살이 모두 뜯겨 나간 시련 속에
흰 뼈를 일으켜 세운 골격으로 난 바다를 품고 있다.
심해에서 달려온 파도를 곧은 등으로 받아 포말을 피워 올린다.
억센 늑골을 켜켜이 쌓아 올린 가슴으로 파도를 조각내서 떠나보낸다.

앙상한 뼈에도 석화는 핀다
돌게의 안식처가 되고
숭어의 산란처가 되며

발목이 빨갛게 물질한 갈매기의 쉼터가 된다

팔미도 벼랑
거친 파도에 한 치도 흐트러짐 없이 태초이래
수직의 자세를 지키며
힘찬 발끝으로 가 없은 바다를 펼치고 있다
수평선 너머 몰려오는 파도 물굽이, 굽이
팔미도 벼랑앞에서 오체투지한다

– 〈팔미도 벼랑〉 전문

우리네 삶을 언필칭 고해苦海라 한다. 바다에 이는 풍랑에 바위는 흙 한 점 없다. 하지만 그 바위에는 석화, 굴이 자라고, 돌게의 안방이고, 숭어의 산란처, 생산의 자리. 더 나가 물질한 갈매기의 쉼터.

흙 한 점 없어도 안식처며, 생명의 산실이며, 고단한 삶의 휴식처며.

하여 먼 바다에서부터 물결은 오체투지로 한 걸음 한 걸음 다가와 그 벼랑 앞에서 경건한 자세의 경배를 올리며, 그 벼랑의 삶을 찬양한다.

나, 태동철 인터넷 아이디가 〈팔미도 88〉. 그 팔미도 벼랑으로 살아가야 할 숙제를 안고 있다. 우리 옹진 군민들의 안식과 생산과 휴식의 장, 옹진문화원의 원장으로 스피노자의 말 (사람답게 살려면 빵과 서커스가 있어야)함에 옹진군이 품고 있는 자연 경관과 설화, 전설을 재료로한 융합예술을 창출하여 빵을 빚어내고, 자생적 동아리 예능활동의 활성화 진흥으로 문화적 향기를 향유케 함은 팔미도 벼랑의 소임이라 스스로 다짐하면서 정진 할 것이다. 팔미도 벼랑같이 수직의 자세를 지키며.

제3시집 《팔미도 벼랑》을 내면서

삶은 그 자체가 풀어야 할 숙제를 한 아름 안고 사는 과제 속에 있다.

숙제는 바다의 풍랑같이 끊임없이 내 삶을 일렁이게 한다.

그 일렁임에 멀미하고 토악질하고 휘청거리지만, 때로는 화사한 햇빛에 물젖은 옷 말리며, 저 푸른 하늘 흰구름 쳐다보면서 시집 한 권 읽은 낙樂은 시인만이 갖은 로망, 행복하지 않겠는가? Amor Fati !!

세월의 풍랑 속에 시간과 욕구와 상실감에 부딪치고, 부딪치며 노쇄하여가는 육신, 혼미 해지는 정신, 정겨운 이들이 하나 둘 떠나는 허허로움이 스산한 가을 바람에 뼈만 앙상한 가로수가 바로 나임을 아는 순간,

그래 저 가로수 내년에는 더 풍성한 잎으로 거리의 사람에게 그늘을 드리워 주겠지. 그 믿음이 내 안에 불타는 삶의 열정 – 〈고목에도 꽃이 핀다〉는 속담이 왜? 존재하는지를 증명해야 할 나의 삶. 디오니즈 적 삶의 자세는 고해의 풍랑을 뛰어 너머 오롯이 서 있는 팔미도. 그 팔미도의 늠늠한 자세로 삶을 바라보며 고해의 풍랑에서 〈아모르 파티〉의 노래를 읊조리며 유유히 살면 저 가을 하늘의 푸르름이 시샘 하겠지요.

2018년 1월 12일 서울 종로, 대학로 함춘회관에서 계간문예 제3회 계간문예문학상 시상식이 진행되고 있다. 대한민국의 저명하신 소설가, 수필가, 평론가, 시인들 다수의 문인들이 장내를 꽉 채웠다.

이 자리에서 태동철이 제3회 계간문예문학상 수상자 자격으로 연단에서 인사말을 올린다.

– 수상 소감 연설

안녕 하십니까? 고명 하신 선생님들 앞에서 태동철 인사 올립니다.

여기 서울 종로, 대학로 지성의 거리에서 고명하신 선생님들 앞에서 이 좋은 문학상을 수상함에 감동과 감회, 고마움과 감사함이 벅차 오릅니다.

영흥도 한촌寒村에서 나무 지게 지고 내려오는 산길, 양지바

른 곳에 잠시 쉬고 있을 때, 진두에서 울려 오는 뱃고동 소리
– 푸우웅 푸우웅–

어린 내 가슴에 파고드는 서울, 인천 대처의 삶, 동경이고 꿈이고 동화의 나라 그 꿈을 흰구름에 띄워 보내기 70여년. 이 자리에서 그 꿈을 만지고 있다니 가슴 벅찹니다 서울 하늘 저 흰 구름, 내 꿈을 싣고 떠 돌던 그 구름들이 오늘 이 가슴에 파고드니 벅찹니다. 감격입니다. 행복합니다.

(하고 싶은 일 하면서 살면 행복)하다고, (꽃다운 인생살이 꽃 답게 살아가야지)이 명제는 내 삶의 지주. 오늘 이 상의 수상은 내 삶의 질을 높이는 마중물이 될 것이며, 특히 문단에 들며 날며 말 빚을 많이 졌는데 그 말 빚을 갚는 종자돈으로 귀하게 소중하게 가슴에 품고 시업에 진력하겠습니다. 후학들이 문단생활에서 신분 상승의 길에 들게하는 사다리를 견고하게 내놓으신 계간문예 발행인 정종명 이사장님께 경의를 표합니다.

계간문예의 발전과 계간문예문학상의 권위와 명예가 날로 발전하여 세상에 그 명성 크게 떨치시기 기원합니다. 감사합니다.

작품해설

태평양을 바라보는 섬 소년의 꿈

| 작품해설 |

태평양을 바라보는 섬 소년의 꿈
— 태동철의 시집 《팔미도 벼랑》론

윤정구
(시인)

세월의 워낭소리

내가 고삐에 끌려간다
야성의 뿔을 낮게 드리우고
운명을 긍정하는 고갯짓으로
워낭소리를 낭랑하게 울리며
간다, 둥근 발굽을 찍으며

가난한 가계의 무거운 짐을 싣고
한 가족을 수레에 태워
내장의 허기를 되새김질 하면서도

가쁜 숨길에 함박꽃을 활짝 피운다
보습 날이 닳도록 일군 밭이랑에서

고된 삶에 관절이 삭아
뼈와 뼈가 맞닿는 울림이
워낭소리와 이중주를 연주한다

태씨는 원래 발해를 건국한 고구려의 유민 걸걸중상乞乞仲象의 아들 대조영大祚榮에서 유래한다고 한다. 큰 대大 밑에 언제 무슨 연유로 점을 찍어 더 클 태太가 되었는지에 대해서는 대개 두 가지 설이 있다. 만주 벌판에 고구려와 같은 천손天孫임을 강조하며 해동성국海東盛國이라고 불리며 15대 228년 동안 남북시대를 구가했던 발해渤海가 멸망한 후 마지막 태자 대광현大光顯이 부하들을 이끌고 고려에 귀의하여 왕건으로부터 황해도 백주에 식읍을 받고 태씨 성과 이름을 하사 받아 태씨의 시조가 되었다는 설과 《동국통감》에 대조영의 이름이 태조영으로 기록된 것을 보고 후손들이 태씨로 성을 삼았다는 설이다.

어쨌든지 발해의 왕족이었던 태 서방이 어떻게 서해의 작은 섬 영흥도에 자리 잡았는지는 알 수 없지만, 태동철 시인의 불끈 솟은 광대뼈와 복숭아 빛으로 발그레한 홍안紅顔을 보고, 아주 먼 옛날 험준한 알타이산맥을 넘고, 얼어붙은 바이칼호를 건너, 하룻밤 사이 산이 옮겨 앉는 고비사막을 지나, 텐산산맥을 달려와 허허로운 만주 벌판을 호령하던 우리 조상들과 대조영의 기개를 상상해 볼 따름이다. 남한에는 일만 명이 채 안 되는 태씨는 협계, 영순, 남원, 밀양, 나주 등의 관향이 다르지만 모두 한 뿌리라고 하며, 협계 태씨와 영순 태씨는 통합하여 백주 태씨가 되었다고 한다. 대조영의 표준 영정을 그리기 위하여 대표적인 태씨 집성촌인 경산군 송백리 발해마을에 살고 있는 142명의 태씨 얼굴을 분석한 결과, 똑바로 뉘어 기르는 습관의 우리 민족 대부분과는 달리 머리모양이 좌우길이보다 앞뒤길이가 더 크고, 눈썹 안와상 융기가 뚜렷하고, 콧대가 곧고 높은 편이며, 턱이 강하게 각진 특징을 나타냈다고 한다. 실제로 〈여로〉의 미녀 배우 태현실의 얼굴은 조각같으며, 태완선 전총리, 태영호 대사, 태동철 시인 등 내가 아는 태씨 가문의 얼굴은 모두 선이 굵으면서도 인물이 훤하다.

한 마디로 태동철 시인은 입지전적立志傳的인 인물이다. 직장생활을 성공적으로 마감한 그는 주위의 기대와 달리—조금치의 망설임도 없이—중앙대학교 예술대학원에서 어릴 적부터 꿈꾸었던 시 공부를 시작하여 매진邁進한다. 고향 바다를 바라보며 우뚝 선 영흥도의 시비詩碑처럼, 마치 공부에 나이가 무슨 상관이냐는 징표처럼, 그는 늦게 시를 쓰기 시작했음에도 혁혁한 성과를 내고 있다.

〈워낭소리〉는 고삐에 끌려가면서도 야성의 뿔과 운명을 긍정하는 고갯짓으로 워낭소리를 낭랑히 울리며 가는 둥근 발굽을 상상하는 것만으로 행복한 긍정의 시이다. 천릿길도 한 걸음부터라는 속담처럼, 아무리 먼 길도, 무거운 짐도 기꺼이 지고갈 수 있는 원천적인 힘은 어디에서 오는 것일까?

그 해답은 《내 사랑 영흥도》 《족보의 바다》에 이은 세 번째 시집 《팔미도 벼랑》에 실린 계간문예문학상 수상 소감을 읽노라면 엿볼 수 있는, 완숙해가는 그의 진경시眞景詩를 이루어 가는, 그의 젊은 마음자세에서 찾아볼 수 있다.

"사랑하는 여인의 부모 앞에 선을 뵈는 떨리는 가슴, 시심의 깊이로 살아 있는 눈빛, 창작의 열정으로 물든 붉은 입술, 시인의 자존감으로 우뚝 선 콧등, 사물의 본성을 듣는 열린 귀, 현미경같이 미물을 관찰하고, 망원경처럼 우주를 탐색하여 상상력으로 아우르는 두뇌와, 시의 본질에 어긋나지 않는 품격 있는 몸가짐, 한 올도 흐트러짐이 없도록 끝없는 성찰 속의 퇴고"는 청년의 선부른 열정을 무색하게 하는 노익장老益壯의 오체투구五體投球가 아닌가.

깊고 푸른 바다를 무대로 과거와 미래를 깊은 성찰로 아우르는 태동철 시인의 시가 그의 소원대로 붕새처럼 온 하늘을 뒤덮어 날아오르기를 기대한다.

계간문예시인선 138

태동철 시집 _ 팔미도 벼랑

초판 인쇄 2018년 11월 10일

초판 발행 2018년 11월 15일

—

지 은 이 태동철

회 장 서정환

발 행 인 정종명

편집주간 차윤옥

—

펴낸곳 도서출판 계간문예

편집부 03132 서울 종로구 삼일대로 30길 21 종로오피스텔 1209호

주소 03132 서울 종로구 삼일대로 32길 36 운현신화타워 305호

전화 02-3675-5633, 070-8806-4052

팩스 02-766-4052

이메일 munin5633@naver.com

등록 2005년 3월 9일 제300-2005-34호

ISBN 978-89-6554-192-9

ISBN 978-89-6554-118-9 (세트)

—

값 10,000원

—

잘못 만들어진 책은 바꾸어 드립니다.

이 도서의 국립중앙도서관 출판예정도서목록(CIP)은 서지정보유통지원시스템 홈페이지(http://seoji.nl.go.kr)와 국가자료공동목록시스템(http://www.nl.go.kr/kolisnet)에서 이용하실 수 있습니다. (CIP제어번호:CIP2018036921)